Questo libro appartiene a:

____

Visita il nostro sito web

www.kirdes.com

Ci trova su Instagram per aggiornamenti settimanali
@kirdesjam

La tua opinione conta bene o male, siamo qui per migliorare e senza il tuo contributo ciò non sarebbe possibile, se hai domande, commenti, critiche, contattaci a: **info@kirdes.com.**

Gli errori possono sempre accadere se hai problemi con questo stampato edizione come errori di stampa, rilegatura difettosa, errori di grammatica / battitura per favore non esitate e contattate a **info@kirdes.com.**

HO
HO

HO
HO
HO

HO
HO
HO

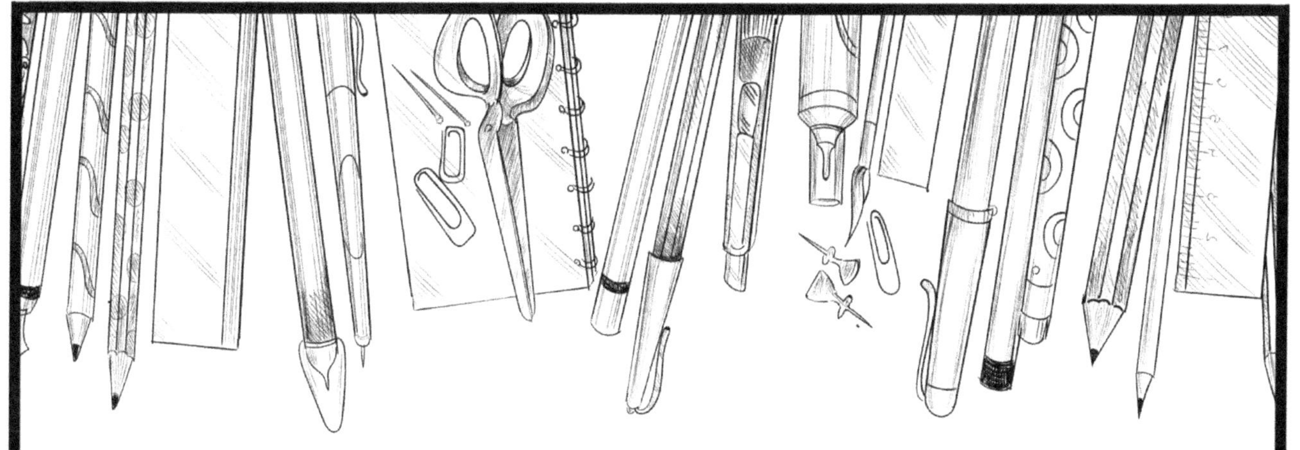

Speriamo vi siate divertiti molto
colorare questo libro.
Ci piacerebbe vedere la tua creatività.
Chiedi a un adulto di condividerlo con noi
su Instagram e tagga @kirdesjam nel post
o inviarlo tramite e-mail a info@kirdes.com

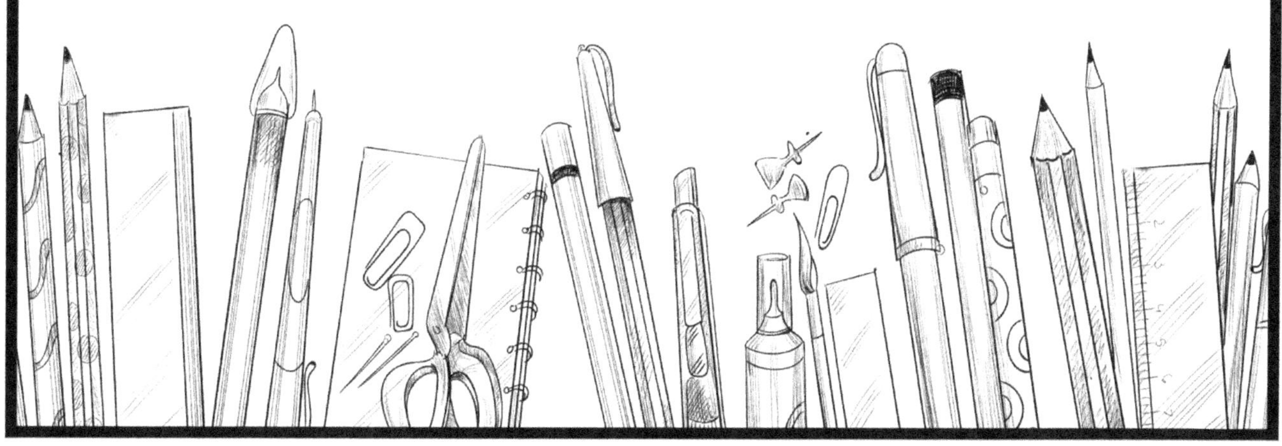